Bibliografische Information der Deutschen Nationalbibliothek:
Die Deutsche Nationalbibliothek verzeichnet diese Publikation in
der Deutschen Nationalbibliografie; detaillierte bibliografische
Daten sind im Internet über dnb.dnb.de abrufbar.

© 2021, Thomas Gondermann
Herstellung und Verlag: BoD – Books on Demand, Norderstedt
ISBN: 9783754317105

Inhaltsverzeichnis

Einführung:

Jeder Selbstständige möchte gerne Entscheidungen treffen. Hierbei ist zu beachten, dass der Selbstständige auch das Risiko der Entscheidungen trägt.

Zu den Risiken der Entscheidungen zählen,
 dass die Entscheidungen den Verlust erhöhen bzw. den Gewinn minimieren,
 die Liquidität des Unternehmens verringert und
 die Entscheidungsfreiheit einschränkt wird.

Entscheidungsfreiheit bedeutet, dass der Entscheider mindestens zwei Entscheidungsalternativen hat und bei der Auswahl der Entscheidungsalternativen die Möglichkeit hat, die gewinnoptimale Entscheidung zu treffen und nicht der Kreditgeber (z. B. Banker oder Lieferant) diese Entscheidung trifft, weil nur eine Entscheidung finanzierbar ist und diese Entscheidung nicht zum höchsten Gewinn führt.

Jede Entscheidung beeinflusst die Liquidität und den Gewinn des Unternehmens. Die Liquidität und der Gewinn des Unternehmens beeinflusst die Entscheidungsfreiheit des Selbstständigen. Je Höher die Liquidität und der Gewinn des Unternehmens sind, je größer ist die Entscheidungsfreiheit.

Das Buch die Macht der Zahlen erläutert die Abhängigkeit der Entscheidungen von früheren Entscheidungen, die früheren Entscheidungen sind in der Bilanz und G + V dokumentiert, sowie den Einfluss der Entscheidungen auf zukünftige Entscheidungen. Hierzu zählen unter anderem das Anlagevermögen (Kapazitäten) und abgeschlossene Verträge (z. B. Arbeitsverträge, Kreditverträge und Mietverträge).

Dieses Buches beschäftigt sich ausschließlich mit der Liquidität und damit der Frage, welchen Einfluss die Liquidität auf die Entscheidungen hat und ob die Liquidität für die Entscheidung ausreicht. Dies gilt unabhängig von der Frage, ob die Entscheidung zu dem höchsten Gewinn führt.

Für jede Entscheidung sind Informationen bzw. Daten erforderlich. Dieses Buch zeigt, wie Sie die erforderlichen Informationen bzw. Daten aus der Buchführung, Bilanz und G + V erhalten.

Der Nachteil der Buchführung, Bilanz und G + V ist, dass nur abgeschlossene Fälle (Vergangenheit) dokumentiert werden und die Entscheidungen die Zukunft betreffen. Dieser Nachteil kann durch Planung z. B. die Liquiditätsplanung ausgeglichen werden.

Die Planung ist kostengünstig, denn die Daten bzw. Informationen aus der Buchführung, Bilanz und G + V sind vorhanden. Die Buchführung, Bilanz und G + V muss aufgrund von steuerrechtlichen und handelsrechtlichen Vorschriften erstellt werden und kann so gestaltet werden, dass der Entscheider gleichzeitig die erforderlichen Informationen bzw. Daten erhält. Wie der Entscheider die Informationen bzw. Daten aus der laufenden Buchhaltung, Bilanz und G + V erhält, wird in dem Buch gezeigt, so dass die erforderliche Planung für jeden Entscheider einfach, zeitnah und kostengünstig ist. So ist der Soll-Ist Vergleich einfach und der Entscheider erhält durch den Soll-Ist Vergleich neue, aktuelle Informationen, so dass bei Abweichungen von dem Plan, die Auswirkungen auf den Gewinn und Liquidität minimiert werden können.

Jeder Unternehmer möchte gerne Gewinne erzielen, auch hierfür ist eine Planung erforderlich. Für das Gewinnziel sind verschiedene Teilziele erforderlich. Zu den Teilzielen zählen unter anderem die Anzahl der Kunden, die Anzahl der verkauften Leistungen bzw. Produkte, die Kapazitätsauslastung von Maschinen und Personal, sowie die Einhaltung von Kostenbudgets.

Diese Planung ist Voraussetzung für Liquiditätskontrolle, zunächst wird festgestellt unter welchen Voraussetzungen die Liquidität bzw. Liquiditätsziele erreicht werden können und bei Abweichungen von den Voraussetzungen (z. B. Kostensteigerungen) ermöglicht die Planung neue Entscheidungsalternativen so dass die Liquidität bzw. Liquiditätsziele erreicht werden können, selbstverständlich wird dies in diesem Buch gezeigt.

Zu den Entscheidungsalternativen zählt unter anderem die Anpassung des Lagerbestandes an den Umsatz, Veränderung der Zielgruppe bei der Werbung, Veränderungen des Einsatzes des Personals und Maschinen.

Bilanz

Mit Hilfe der Bilanz, G + V, sowie der laufenden Buchführung kann die Liquidität des Unternehmens kontrolliert werden. Weiterhin ist die Bilanz, G + V und die laufende Buchführung eine wichtige Informationsquelle für die Liquiditätsplanung und die Berechnung des zukünftigen Kapitalbedarfs. Die Veränderung der Bilanz und der G + V führt zu einer Veränderung der Liquidität des Unternehmens. In der laufenden Buchführung wird jeder Geschäftsvorfall/ Buchungssatz dokumentiert. Unter Geschäftsvorfall/ Buchungssatz fallen alle Veränderungen des Vermögens, der Schulden und des Eigenkapitals. Auf den folgenden Seiten werden die einzelnen Bilanzpositionen, die Positionen der G + V, Veränderungen der Bilanz und G + V erklärt, insbesondere die Beurteilung der aktuellen Liquidität, sowie den Einfluss auf den zukünftigen Kapitalbedarf und den Liquiditätsplan.

Bilanz 01.01.

Aktiva		Passiva	
Maschinen	175.000,00	Eigenkapital	147.000,00
Betriebs- u. Geschäftsausst.	25.000,00	Darlehen	149.000,00
Bestand Roh-, Hilfs-, und Betriebsstoffe	50.000,00	Verbindlichkeiten L u. L	40.000,00
Forderungen L u. L	80.000,00		
Kasse	1.000,00		
Bank	5.000,00		
Bilanzsumme	336.000,00	Bilanzsumme	336.000,00

Erläuterungen zum Aktivkonto

Soll	Aktivkonto		Haben
Anfangsbestand (AB)		Minderungen	
Mehrungen		Schlussbestand (SB)	
Summe		Summe	

Beim Aktivkonto stehen der Anfangsbestand (AB) auf der Soll-Seite und die Mehrungen. Auf der Haben-Seite stehen die Minderungen und der Schlussbestand (SB). Weitere Erläuterungen zum Aktivkonto siehe Seite 9 ff. dieses Buches.

Erläuterungen zum Passivkonto

Soll	Passivkonto		Haben
Minderungen		Anfangsbestand (AB)	
Schlussbestand (SB)		Mehrungen	
Summe		Summe	

Beim Passivkonto stehen der Anfangsbestand (AB) auf der Haben-Seite und die Mehrungen. Auf der Soll-Seite stehen die Minderungen und der Schlussbestand (SB). Weitere Erläuterungen zum Passivkonto siehe Seite 28 ff. dieses Buches.

Gewinn- und Verlustrechnung

G + V

Umsatzerlöse		1.000.000,00
Betriebsausgaben		
Wareneinsatz		725.000,00
Personalkosten		50.000,00
Gehälter	17.500,00	
Löhne	21.500,00	
Aushilfe	1.000,00	
Sozialversicherung	8.000,00	
Berufsgenossenschaft	2.000,00	
Abschreibungen		42.000,00
Abschreibungen auf Sachanlagen	40.000,00	
Sofortabschreibungen GWG	2.000,00	
Raumkosten		105.000,00
Miete	70.000,00	
Gas, Strom, Wasser	20.000,00	
Instandhaltung betriebl. Räume	15.000,00	
Steuern, Versicherungen und Beiträge		5.500,00
Versicherungen	1.000,00	
Beiträge	500,00	
Gewerbesteuer	4.000,00	
KFZ Kosten		22.200,00
KFZ Versicheurngen	2.000,00	
Kosten für Treibstoff	14.200,00	
Kosten Reparatur	6.000,00	
Werbe- und Reisekosten		11.000,00
Werbekosten	6.000,00	
Reisekosten	5.000,00	
Kosten der Warenabgabe		2.000,00
Verpackungsmaterial	2.000,00	

Instandhaltung und Werkzeuge		3.500,00
Reparatur und Instandhaltung techn. Anlagen	2.500,00	
Werkzeuge und Kleingeräte	1.000,00	
Fachzeitschriften, Bücher		500,00
Zeitschriften	500,00	
sonstige Aufwendungen		9.700,00
Verpackungskosten	4.000,00	
Kosten Telefon	1.200,00	
Porto	200,00	
Büromaterial	500,00	
Buchführungskosten	2.000,00	
Kosten des Jahresabschlusses	1.500,00	
Kosten des Geldverkehr	300,00	
Kfz Steuer	100,00	100,00
Zinsen		9.500,00
Zinsen kurzfristige Verbl.	,00	
Zinsen langfristige Verbl.	9.500,00	
Summe der Betriebsausgaben		986.000,00
Gewinn		14.000,00

Erläuterungen zu den Bilanzpositionen

Auf der Aktivseite wird die Mittelverwendung des Unternehmens gezeigt. Somit steht auf der Aktivseite der Bilanz, welche Vermögensgegenstände das Unternehmen besitzt, zum Aktivkonto siehe Seite 6 dieses Buches.

Anlagevermögen

Das Anlagevermögen dient dem Unternehmen langfristig und ist für die Leistungserstellung erforderlich. Im vorliegenden Fall zählt zum Anlagevermögen:

Maschinen	€ 175,000,00
Betriebs- und Geschäftsausstattung	€ 25.000,00

Das Anlagevermögen dient dem Unternehmen langfristig d. h. über mehrere Jahre. Das Anlagevermögen ist Teil der Kreditwürdigkeitsprüfung siehe hierzu Seite 28 dieses Buches.

In der Regel wird das Anlagevermögen durch eine Kombination von Eigenkapital und Fremdkapital finanziert, zum Eigenkapital siehe Seite 28 dieses Buches und Fremdkapital Seite 30 ff. dieses Buches.

Beispiel: Kauf einer Maschine für € 10.000,00 netto

Die Maschine wird mit einem neuen Darlehen von € 8000,00 finanziert und € 2000,00 werden per Bank bezahlt. Aus Vereinfachungsgründen wird auf die Umsatzsteuer verzichtet, denn die Umsatzsteuer ist erfolgsneutral d. h. keinen Einfluss auf den Gewinn des Unternehmens. Die Umsatzsteuer wird rechtlich für das Finanzamt eingezogen und an das Finanzamt bezahlt. Die Umsatzsteuer bzw. Vorsteuer (bei eingehenden Rechnungen) wird bei der Liquiditätsplanung nicht berücksichtigt. Die anteilige Umsatzsteuer von Rechnungen steht dem Entscheider bei der Liquiditätsplanung nicht zur Verfügung. Es wird immer mit Nettobeträgen gerechnet. Hierbei ist zu beachten, dass für die Zahlungen an das Finanzamt entsprechende Reserven bei der Kasse bzw. Bank berücksichtigt werden müssen.

Buchungssatz:

10. 03 .   Maschine 10.000,00/

                    Darlehen 8.000,00
                    Bank   2.000,00

Soll	Maschinen		Haben
01.01. AB	175.000,00	10.03. SB	185.000,00
10.03. Kauf Maschine	10.000,00		
	185.000,00		185.000,00

Soll	Darlehen		Haben
10.03. SB	157.000,00	AB	149.000,00
		10.03. neues Darlehen	8.000,00
	157.000,00		157.000,00

Soll	Bank		Haben
01.01. AB	5.000,00	10.03. Maschine	2.000,00
		10.03. SB	3.000,00
	5.000,00		5.000,00

Bilanz 10.03.

Aktiva			Passiva
Maschinen	185.000,00	Eigenkapital	147.000,00
Betriebs- u. Geschäftsausst.	25.000,00	Darlehen	157.000,00
Bestand Roh-, Hilfs-, und Betriebsstoffe	50.000,00	Verbindlichkeiten L u. L	40.000,00
Forderungen L u. L	80.000,00		
Kasse	1.000,00		
Bank	3.000,00		
Bilanzsumme	344.000,00	Bilanzsumme	344.000,00

Die neue Maschine hat einen Anschaffungswert von € 10.000,00 netto. Der Kauf erhöht das Anlagevermögen um € 10.000,00 siehe Konto Maschine und die Bilanzsumme erhöht sich zunächst um € 10.000,00. Somit beträgt die Bilanzsumme vorläufig € 346.000,00.

Die Maschine wird mit € 2.000,00 per Bank bezahlt, somit vermindert sich die Bank um € 2.000,00, siehe Bankkonto und die Bilanzsumme (Aktivseite) vermindert ebenfalls, um € 2.000,00, so dass die Bilanzsumme auf der Aktivseiter nun € 344.000,00 beträgt.

Die Aufnahme des Darlehen führt zu einer Erhöhung des Darlehens, der neue Darlehensbestand beträgt € 157.000,00, somit ist die Bilanzsumme auf und der Passivseite der Bilanz ebenfalls € 344.000,00.

Abschreibung der Maschine

Die Vermögensgegenstände des Anlagevermögens dienen dem Unternehmen mehrere Jahre. Die Wertminderung des Anlagevermögens wird in Form der Abschreibungen jedes Jahr erfasst. Ein anderer Begriff für Abschreibung ist AFA (Absetzung für Abnutzung). Die Anschaffungskosten des Anlagevermögens werden durch die Nutzungsdauer geteilt. Nach der linearen AFA wird jedes Jahr der gleiche Betrag abgeschrieben. Die Nutzungsdauer steht in sogenannten Abschreibungstabellen vom Finanzamt.

$$\text{Jährliche Abschreibung} = \frac{\text{Anschaffungskosten}}{\text{Nutzungsdauer}}$$

$$€\ 2.000,00 = \frac{10.000,00}{5}$$

In diesem Fall wird von einer Nutzungsdauer von 5 Jahren unterstellt, somit beträgt die AFA im Jahr € 2.000,00. Die AFA vermindert den Gewinn des Unternehmens um € 2.000,00 siehe G + V, Seite 7 dieses Buches. Der Wert der Maschine sinkt ebenfalls um € 2.000,00, siehe Konto Maschinen auf der Haben-Seite. Der Verlust vermindert das Eigenkapital um € 2.000,00 siehe Eigenkapitalkonto auf der Passivseite der Bilanz, ebenso sinkt der Wert der Maschine um € 2.000,00 auf der Aktivseite der Bilanz.

Zusammenfassend ist festzustellen, dass sich die Verschuldung des Unternehmens um € 8.000,00 erhöht hat und die liquiden Mittel (Bank) sich um € 2.000,00 (Seite 10 dieses Buches) vermindern. Gleichzeitig ist das Vermögen um € 10.000,00 gestiegen. Das neue Darlehen (siehe Seite 30 ff. dieses Buches) wird die zukünftige Liquidität belasten. Die Zinsen vermindern den zukünftigen Gewinn des Unternehmens.

Die Abschreibungen mindern den Gewinn des Unternehmens, aber nicht die Liquidität des Unternehmens. Zum Jahresende vermindert sich das Vermögen, um die Abschreibung i. H. v. € 2.000,00, so beträgt der Wert der neuen Maschine € 8.000,00. Der Wert der Maschinen beträgt € 183.000,00. Hierbei ist zu berücksichtigen, dass die bisherigen Maschinen (Wert € 175.000,00) ebenfalls noch abgeschrieben werden müssen. Der Wert der Maschinen sinkt zum Jahresende weiter.

Buchungssatz :

AFA / Maschine   € 2.000,00

Soll	Maschinen		Haben
01.01. AB	175.000,00	31.12. AFA	2.000,00
10.03. Kauf Maschine	10.000,00	31.12. SB	183.000,00
	185.000,00		185.000,00

Soll	AFA		Haben
31.12. Maschine	2.000,00	31.12. G + V	2.000,00
	2.000,00		2.000,00

Soll	G + V 31.12.		Haben
AFA	2.000,00	EK	2.000,00
	2.000,00		2.000,00

Soll	Eigenkapital		Haben
31.12. Verlust	2.000,00	01.01. AB	147.000,00
31.12. SB	145.000,00		
	147.000,00		147.000,00

Bilanz 31.12.

Aktiva			Passiva
Maschinen	183.000,00	Eigenkapital	145.000,00
Betriebs- u. Geschäftsausst.	25.000,00	Darlehen	157.000,00
Bestand Roh-, Hilfs-, und Betriebsstoffe	50.000,00	Verbindlichkeiten L u. L	40.000,00
Forderungen L u. L	80.000,00		
Kasse	1.000,00		
Bank	3.000,00		
Bilanzsumme	342.000,00	Bilanzsumme	342.000,00

Weitere Ausführungen zur Abschreibung siehe Seite 35 dieses Buches.

Zusammenfassend

Die Abschreibungen führen zu einer Verminderung des Vermögens des Unternehmens und gleichzeitig zu einer Gewinnminderung, siehe Seite 14 dieses Buches. Die Abschreibungen haben keinen Einfluss auf die Liquidität des Unternehmens.

Zu dem Anlagevermögen gehört auch die Betriebs- und Geschäftsausstattung. Im vorliegenden Fall ist der Wert des Betriebs- und Geschäftsausstattung € 25.000,00. Unter der Betriebs- und Geschäftsausstattung zählen unter anderen die Büroausstattung, Computer und Drucker. Die Betriebs- und Geschäftsausstattung wird abgeschrieben, zu den Abschreibungen siehe das Beispiel Abschreibungen Maschinen Seite 12 dieses Buches.

Hierbei ist zu beachten, dass Vermögensgegenstände unter einem Wert von € 400,00 netto als GWG (geringwertige Wirtschaftsgüter) behandelt werden. In der Regel werden die GWG'S sofort abgeschrieben, danach mindern die GWG'S in voller Höhe den Gewinn des Unternehmens. Die Anschaffung von GWG'S hat Einfluss auf die Liquidität des Unternehmens, sofern die GWG'S finanziert werden erhöhen sich die Schulden des Unternehmens und die Rückzahlung vermindert die zukünftige Liquidität des Unternehmens und die Zinsen für den Kredit vermindern den zukünftigen Gewinn des Unternehmens.

Beispiel kauft ein Drucker für € 150,00 netto, Zahlung   per Bank

Buchungssatz:

| 15.03. | GWG (Drucker) / Bank | € 150,00 |
| 31.12. | Sofortabschreibung GWG / GWG | € 150,00 |

Bei diesem Beispiel vermindert sich die Bank (liquiden Mittel) um € 150,00 und damit die Aktivseite der Bilanz ebenfalls um € 150,00.

Soll	GWG		Haben
01.01. AB	0,00	31.12. AFA	150,00
15.03. Bank	150,00	31.12. SB	0,00
	150,00		150,00

Soll	Bank		Haben
01.01. AB	5.000,00	10.03. Maschine	2.000,00
		15.03. GWG	150,00
		31.12. SB	2.850,00
	5.000,00		5.000,00

Soll	G + V 31.12.		Haben
AFA	2.000,00	EK	2.150,00
AFA GWG	150,00		
	2.150,00		2.150,00

Soll	Eigenkapital		Haben
31.12. Verlust	2.150,00	01.01. AB	147.000,00
31.12. SB	144.850,00		
	147.000,00		147.000,00

Bilanz 31.12.

Aktiva		Passiva	
Maschinen	183.000,00	Eigenkapital	144.850,00
Betriebs- u. Geschäftsausst.	25.000,00	Darlehen	157.000,00
Bestand Roh-, Hilfs-, und Betriebsstoffe	50.000,00	Verbindlichkeiten L u. L	40.000,00
Forderungen L u. L	80.000,00		
Kasse	1.000,00		
Bank	2.850,00		
Bilanzsumme	341.850,00	Bilanzsumme	341.850,00

Umlaufvermögen

Die Vermögensgegenstände des Umlaufvermögens dienen dem Unternehmen kurzfristig und sind für die Leistungserstellung bzw. Verkauf der Leistungen erforderlich.

Materialeinsatz (Roh-, Hilfs- Betriebsstoffe und Waren, (RHB))

Rohstoffe sind Hauptbestandteile des Erzeugnisses (z. B. bei einem Schrank gehört das Holz zu den Rohstoffen).

Hilfsstoffe sind Nebenbestandteile des Erzeugnisses (z. B. bei einem Schrank gehören Leime, Klebstoff zu den Hilfsstoffen).

Betriebsstoffe sind für die Herstellung der Erzeugnisse erforderlich (z. B. Öl, Schmierstoffe für Maschinen).

Unter Waren versteht man Erzeugnisse, die vom Unternehmen nicht mehr behandelt werden müssen.

Alle Roh-, Hilfs- Betriebsstoffe, sowie Waren werden zunächst gelagert, siehe Bilanz „Bestand Roh-, Hilfs-, Betriebsstoffe" Seite 5 dieses Buches. Die Lagerung der Roh-, Hilfs- und Betriebsstoffe führt nicht zu einer Auswirkungen auf den Gewinn des Unternehmens.
In der Regel werden die Roh-, Hilfs- und Betriebsstoffe und Waren auf Ziel gekauft, d h der Lieferant gewährt ein Zahlungsziel. Eine Auswirkung auf die liquiden Mittel (Bank und Kasse) liegt erst vor, wenn die Lieferantenrechnung bezahlt wird.

Eine Auswirkung auf den Gewinn des Unternehmens liegt erst vor, wenn die Roh-, Hilfs- und Betriebsstoffe aus dem Lager entnommen werden (Materialentnahmeschein), die entsprechende Position in der G + V ist „Aufwendungen für Roh-, Hilfs- und Betriebsstoffe", siehe Seite 7 G + V Wareneinsatz dieses Buches.

Einkauf von Rohstoffen für € 5.000,00 (netto) auf Ziel, das Zahlungsziel beträgt 4 Wochen

Buchungssatz:

   24.03. Rohstoffe / Verbindlichkeiten aus L u. L € 5.000,00

Erläuterung des Buchungssatzes:

Beim Einkauf von Rohstoffen erhöht sich der Wert der Position „Bestand Roh-, Hilfs- und Betriebsstoffe" in der Bilanz auf der Aktivseite der Bilanz. Gleichzeitig erhöht sich die Position Verbindlichkeiten aus L u. L auf der Passivseite der Bilanz, siehe Bilanz Seite 18 dieses Buches, Zu diesem Zeitpunkt liegt keine Auswirkung auf die liquiden Mittel (Bank und Kasse) und den Gewinn vor.

Soll	Roh- Hilfs- und Betriebsstoffe		Haben
01.01. AB	50.000,00	24.03. SB	55.000,00
24.03. RHB	5.000,00		
	55.000,00		55.000,00

Soll	Verbindlichkeiten		Haben
24.03. SB	45.000,00	01.01. AB	40.000,00
		24.03. Kauf RHB	5.000,00
	45.000,00		45.000,00

Bilanz 24.03.

Aktiva		Passiva	
Maschinen	183.000,00	Eigenkapital	144.850,00
Betriebs- u. Geschäftsausst.	25.000,00	Darlehen	157.000,00
Bestand Roh-, Hilfs-, und Betriebsstoffe	55.000,00	Verbindlichkeiten L u. L	45.000,00
Forderungen L u. L	80.000,00		
Kasse	1.000,00		
Bank	2.850,00		
	346.850,00		346.850,00

Der Einkauf von Rohstoffen führt zu einer Erhöhung der Position Bestand an Roh-, Hilfs- und Betriebsstoffe auf der Aktivseite der Bilanz um € 5.000,00, gleichzeitig erhöhen sich die Verbindlichkeiten aus L u. L auf der Passivseite der Bilanz um € 5.000,00. Die Bilanzsumme erhöht sich um € 5.000,00 und beträgt jetzt € 346.850,00.

Entnahme von Rohstoffen aus dem Lager am 26.03. in Höhe von € 4.000,00

Buchungssatz:

26.03 Aufwendungen für Rohstoffe / Rohstoffe € 4.000,00

Die Entnahme der Rohstoffe aus dem Lager mindert den Gewinn des Unternehmens um € 4.000,00, gleichzeitig vermindert sich der Wert der Position Rohstoffe auf der Aktivseite der Bilanz um € 4.000,00. In diesem Fall liegen keine Auswirkungen auf die liquiden Mittel des Unternehmens vor.

Soll	RHB		Haben
01.01. AB	50.000,00	26.03. Entnahme	4.000,00
24.03 Kauf R H B	5.000,00	26.03. SB	51.000,00
	55.000,00		55.000,00

Soll	Verbrauch Roh- Hilfs- und Betr.		Haben
26.03. R H B	4.000,00	26.03. G + V	4.000,00
	4.000,00		4.000,00

Soll	G + V 26.03.		Haben
AFA	2.000,00	EK	6.150,00
AFA GWG	150,00		
Verbrauch RHB	4.000,00		
	6.150,00		6.150,00

Soll	Eigenkapital		Haben	
31.12. Verlust (G + V)	6.150,00	01.01. AB		147.000,00
31.12. SB	140.850,00			
	147.000,00			147.000,00

Soll	G + V 26.03.		Haben	
AFA	2.000,00	EK		6.150,00
AFA GWG	150,00			
Verbrauch RHB	4.000,00			
	6.150,00			6.150,00

Bilanz 26.03.

Aktiva		Passiva	
Maschinen	183.000,00	Eigenkapital	140.850,00
Betriebs- u. Geschäftsausst.	25.000,00	Darlehen	157.000,00
Bestand RHB	51.000,00	Verbindlichkeiten L u. L	45.000,00
Forderungen L u. L	80.000,00		
Kasse	1.000,00		
Bank	2.850,00		
Bilanzsumme	342.850,00	Bilanzsumme	342.850,00

Die Entnahme von Rohstoffen i. H. v. € 4.000,00 führt zu Kosten. Diese Kosten werden in der G + V unter der Position Materialverbrauch dokumentiert. Die Kosten sind Minderungen des Eigenkapitals und führen zu einer Minderung des Eigenkapitalkontos auf der Passivseite der Bilanz. Das neue Eigenkapital beträgt € 140.850,00. Gleichzeitig mindert sich der Bestand an Roh-, Hilfs- und Betriebsstoffen um € 4.000,00 auf der Aktivseite der Bilanz, der neue Bestand an Roh-, Hilfs-, und Betriebsstoffen beträgt € 51.000,00 und die Bilanzsumme beträgt € 342.850,00.

Eine Rechnung der Rohstoffe i. H. v. € 2.500,00 wird am 07.04. per Bank bezahlt.

Buchungssatz:

> 07.04. Verbindlichkeiten aus L u. L / Bank   € 2.500,00

In diesem Fall vermindert sich die Bank auf der Aktivseite der Bilanz um € 2.500,00 und die Verbindlichkeiten aus L u. L auf der Passivseite der Bilanz vermindern sich ebenfalls um € 2.500,00. demzufolge vermindern sich die Liquidität (liquiden Mittel) um € 2.500,00. Es liegt keine Gewinnauswirkung vor.

Soll	Bank		Haben
01.01. AB	5.000,00	10.03. Maschine	2.000,00
		15.03. GWG	150,00
		07.04. Verbindlichkeiten L u. L	2.500,00
		07.04. SB	350,00
	5.000,00		5.000,00

Soll	Verbindlichkeiten L u. L		Haben
07.04. Bank	2.500,00	01.01. AB	40.000,00
SB	42.500,00	24.03. Kauf	5.000,00
	45.000,00		45.000,00

Bilanz 07.04.

Aktiva		Passiva	
Maschinen	183.000,00	Eigenkapital	140.850,00
Betriebs- u. Geschäftsausst.	25.000,00	Darlehen	157.000,00
Bestand Roh-, Hilfs-, und Betriebsstoffe	51.000,00	Verbindlichkeiten L u. L	42.500,00
Forderungen L u. L	80.000,00		
Kasse	1.000,00		
Bank	350,00		
Bilanzsumme	340.350,00	Bilanzsumme	340.350,00

Der Ausgleich der Rechnung i. H. v. € 2.500,00 minimiert die Position Verbindlichkeiten L u. L auf der Passivseite der Bilanz, gleichzeitig minimiert sich die Position Bank auf der Aktivseite der Bilanz. Die Verbindlichkeiten l u. L betragen jetzt € 42.500,00 und die Bank beträgt € 350,00 und die Bilanzsumme beträgt € 340.350,00.

Position Forderungen aus Lieferungen und Leistungen

Unter dieser Position fallen, die Rechnungen an die Kunden des Unternehmens. In diesem Fall gewährt das Unternehmen seinen Kunden ein Zahlungsziel.

Verkauf von Waren auf Ziel, das Zahlungsziel beträgt 4. Wochen

18.3.   Forderungen aus L u. L / Umsatzerlöse   € 75.000,00

In diesem Fall erhöhen sich die Forderungen aus L u. L auf der Aktivseite der Bilanz um € 75.000,00, die Bilanzsumme erhöht sich um € 75.000,00. Der Gewinn steigt um € 75.000,00, siehe Umsatzerlöse in der G + V, zu diesem Zeitpunkt liegt keine Auswirkungen auf die Liquidität des Unternehmens vor. Auch hier wurde auf die Umsatzsteuer verzichtet, siehe Seite 9 dieses Buches.

Soll	Umsatzerlöse		Haben
G + V	75.000,00	18.03. Forderungen aus L u. L	75.000,00
	75.000,00		75.000,00

Soll	G + V 31.12.		Haben
31.12. AFA Maschine	2.000,00	15.04. Umsatzerlöse	75.000,00
31.12. AFA GWG	150,00		
26.03. R H B	4.000,00		
Gewinn	68.850,00		
	75.000,00		75.000,00

Soll	Eigenkapital		Haben
31.12. SB	215.850,00	01.01. AB	147.000,00
		Gewinn (G + V)	68.850,00
	215.850,00		215.850,00

Soll	Forderungen aus L u. L		Haben
01.01. AB	80.000,00	15.04. SB	155.000,00
15.04. Umsatzerlöse	75.000,00		
	155.000,00		155.000,00

Bilanz 31.12.

Aktiva		Passiva	
Maschinen	183.000,00	Eigenkapital	215.850,00
Betriebs- u. Geschäftsausst.	25.000,00	Darlehen	157.000,00
Bestand Roh-, Hilfs-, und Betriebsstoffe	51.000,00	Verbindlichkeiten L u. L	43.000,00
Forderungen L u. L	155.000,00		
Kasse	1.000,00		
Bank	850,00		
Bilanzsumme	415.850,00	Bilanzsumme	415.850,00

Der Verkauf von Leistungen des Unternehmens zählt zu den Umsatzerlösen. Die Umsatzerlöse werden in der G + V unter der Position Umsatz dokumentiert. Die Umsatzerlöse erhöhen das Eigenkapitalkonto auf der Passivseite der Bilanz, das neue Eigenkapital beträgt € 215.850,00. Gleichzeitig erhöht sich die Position Forderungen aus L u. L auf der Aktivseite der Bilanz, um € 75.000,00, der neue Bestand an Forderungen aus L u. L beträgt € 155.000,00. Die Bilanzsumme erhöht sich um € 75.000,00 und beträgt jetzt € 415.850,00.

Bezahlen der Rechnung

Die Rechnung wird am 15.04. per Bank bezahlt.

Buchungssatz:

     15.04. Bank / Forderungen aus L u. L   € 75.000,00

Am 15.04. erhöht sich die Bank um € 75.000,00 und die Forderungen aus L u. L vermindern sich, um € 75.000,00, somit erhöht sich am 15.04. die Liquidität um € 75.000,00.

Soll	Forderungen aus L u. L		Haben
01.01. AB	80.000,00	15.04. Bank	75.000,00
18.03. Umsatzerlöse	75.000,00	15.04. SB	80.000,00
	155.000,00		155.000,00

Soll	Bank		Haben
01.01. AB	5.000,00	10.03. Maschine	2.000,00
15.04. Forderungen aus L u. L	75.000,00	15.03. GWG	150,00
		07.04. Verbindlichkeiten L u. L	2.500,00
		15.04. Bank	75.350,00
	80.000,00		80.000,00

Bilanz 15.04.

Aktiva			Passiva
Maschinen	183.000,00	Eigenkapital	215.850,00
Betriebs- u. Geschäftsausst.	25.000,00	Darlehen	157.000,00
Bestand Roh-, Hilfs-, und Betriebsstoffe	51.000,00	Verbindlichkeiten L u. L	42.500,00
Forderungen L u. L	80.000,00		
Kasse	1.000,00		
Bank	75.350,00		
Bilanzsumme	415.350,00	Bilanzsumme	415.350,00

Der Ausgleich der Rechnung i. H. v. € 75.000,00 erhöht die Position Bank auf der Aktivseite der Bilanz. Gleichzeitig vermindert sich die Position Forderungen aus L u. L auf der Aktivseite der Bilanz um € 75.000,00. Die Forderungen aus L u. L jetzt € 80.000,00. Die Bilanzsumme bleibt konstant i. H. v. € 415.350,00. Somit ändern sich das Eigenkapital und der Gewinn nicht.

Position Bank und Kasse in der Bilanz

Die liquiden Mittel Bank und Kasse stehen auf der Aktivseite der Bilanz. Bei der Bank handelt es sich um ein Konto mit einem Guthaben. Sofern die Bank auf der Passivseite steht, handelt es sich um einen Kontokorrentkredit. Das Bankkonto hat einen negativen Bestand. In der Regel sind bei dem Kontokorrentkredit die Zinsen am höchsten.

Die liquiden Mittel stehen dem Unternehmer für die Begleichung der Verbindlichkeiten aus L u. L zur Verfügung, zu den Verbindlichkeiten aus L u. L siehe Seite 34 dieses Buches. Neben den Verbindlichkeiten aus L u. L sind noch die laufenden Kosten zu bezahlen, hierzu siehe Seite 35 dieses Buches.

Die liquiden Mittel erhöhen sich um die bezahlten Rechnungen der Kunden, also Minderungen der Forderungen aus L u. L, siehe Seite 23 dieses Buches.

Der Unternehmer hat erst die Möglichkeiten zu investieren, wenn die fälligen Verbindlichkeiten, Kreditraten und laufenden Kosten bezahlt worden sind. In diesem Fall liegt freie liquide Mittel vor. Der Kassenbestand und Bankbestand ist positiv und alle fälligen Rechnungen und Zahlungsverpflichtungen sind bezahlt. Der Unternehmer hat die Möglichkeit zu investieren. Zu den möglichen Investitionen zählen unter anderem die aperiodischen Kosten, hierzu siehe Seite 35 dieses Buches, Investitionen in neue Maschinen und die Erhöhung des Lagerbestandes.

Erläuterungen zur Passivseite der Bilanz

Auf der Passivseite der Bilanz steht die Mittelherkunft, zum Passivkonto siehe Seite 6 dieses Buches.

Eigenkapital

Das Eigenkapital stellen die Gesellschafter des Unternehmens zur Verfügung, mit diesem Kapital wird für Schulden des Unternehmens gehaftet. Inwiefern der Unternehmer auch mit dem Privatvermögen haftet hängt von der Rechtsform des Unternehmens ab, die Rechtsform des Unternehmens ist nicht Gegenstand dieses Buches.

Je höher das Eigenkapital ist, desto größer sind die Möglichkeit Kredite zu erhalten (Bonität bzw. Kreditsicherheit). Das Anlagevermögen des Unternehmens dient ebenfalls bei der Kreditprüfung als Sicherheit.

Kosten sind Minderungen des Eigenkapitals. Die Minderungen des Eigenkapitals stehen auf der Soll-Seite des Eigenkapitalkontos. Die Konten der G + V sind Unterkonten des Eigenkapitals. Die Veränderungen des Eigenkapitals (Kosten und Erträge) werden in den Unterkonten dokumentiert und beim Jahresabschluss (Gewinn oder Verlust) auf das Eigenkapitalkonto übertragen.

Koten entstehen,

> wenn ein mengenmäßiger Verbrauch (z. B. Kg, t, m, h) oder eine gesetzliche Abgabe vorliegen,
> die zu Leistungserstellung und – verwertung getätigt werden und
> die in Geldbeträgen bewertet sind.

Erträge sind Erhöhungen des Eigenkapitals und werden ebenfalls in der G + V dokumentiert.

Erträge

Erträge bezeichnen den gesamten erfolgswirksamen (Eigenkapital erhöhenden) Wertezufluss in einem Unternehmen innerhalb einer Abrechnungsperiode (Geschäftsjahr).

Absatzleistungen d. h. Umsatzerlöse aus dem Verkauf von eigenen Erzeugnissen und Dienstleistungen, siehe hierzu Seite 23 dieses Buches (Verkauf von Leistungen).

Neben den Kosten und den Erträgen sind noch die Privatentnahmen und Privateinlagen zu berücksichtigen.

Privatentnahmen

Der Unternehmer / Gesellschafter verwendet liquide Mittel (Kasse/ Bank) oder Sachleistungen (z. B. Telefonnutzung) für nicht betriebliche Zwecke. Hierzu zählen unter anderem Kosten der privaten Lebensführung. Die Entnahme von Geldleistungen führt nicht zu einem Gewinn und mindert die Liquidität des Unternehmens. Die Entnahme von Sachleistungen erfolgt zu den Selbstkosten und hat keine Auswirkungen auf den Gewinn des Unternehmens.

Der Einzelunternehmer und der Gesellschafter einer Personengesellschaft erhält kein Gehalt für seine erbrachte Arbeitsleistung und keine Zinsen für das Eigenkapital (Unternehmerlohn). Sowohl die Verzinsung des eingesetzten Kapitals, als auch die Arbeitsleistung ist Teil des Gewinnes.
Aus diesen Gründen hat der Einzelunternehmer bzw. Gesellschafter einer Personengesellschaft die Möglichkeit, aus dem Unternehmensvermögen Geld und Sachleistungen zu entnehmen, um seine privaten Aufwendungen bestreiten zu können. Die Entnahme ist auch Möglich, wenn das Unternehmen einen Verlust erzielt und seinen Zahlungsverpflichtungen nachkommen kann.

Demzufolge kann der Einzelunternehmer bzw. Gesellschafter einer Personengesellschaft die Betriebseinnahmen für private Zwecke entnehmen und die Betriebsausgaben durch Aufnahme von Krediten finanzieren. Hierbei handelt es sich um eine steuerliche Vorschrift, somit ist die Kreditwürdigkeit des Unternehmens bzw. des Gesellschafter unabhängig von dieser steuerlichen Vorschrift zu prüfen. Die Entnahme von Betriebseinnahmen und die gleichzeitige Finanzierung der Betriebsausgaben durch die Aufnahme von Krediten sind nur in Ausnahmefällen möglich (z. B. Existenzgründung). Sofern die Privatentnahmen höher sind als die Betriebseinnahmen, ist der Teil des Kredites über den Betriebseinnahmen immer privat veranlasst und dieser Teil ist nicht zu bilanzieren und die Zinsen sind keine Betriebsausgaben.

Privateinlagen

Der Unternehmer/ Gesellschafter erhöht das Eigenkapital des Unternehmens, die Herkunft der finanziellen Mittel ist immer nachzuweisen.

Darlehen

Beim Darlehen handelt es sich um langfristige Verbindlichkeiten, zur Finanzierung des Anlagevermögens.

Die Aufnahme eines Darlehens erhöht die Liquidität des Unternehmens und hat keine Auswirkungen auf den Gewinn des Unternehmens.

Bei der Rückzahlung des Darlehens ist zwischen der Tilgung des Darlehens und der Zinsen zu unterscheiden.

Für die Maschine ist ein Kredit i. H. v. € 8.000,00 aufgenommen worden, siehe Seite 9 dieses Buches. Bei einer Laufzeit des Kredites von 5 Jahren und einem Zinssatz von 5 % ergibt sich folgender Darlehensverlauf:

	Darlehen	Tilgung	Zinsen	Annuität	Stand
01.01.01	8.000,00	1.450,00	400,00	1.850,00	6.550,00
01.01.02	6.550,00	1.522,50	327,50	1.850,00	5.027,50
01.01.03	5.027,50	1.598,63	251,38	1.850,00	3.428,88
01.01.04	3.428,88	1.678,56	171,44	1.850,00	1.750,32
01.01.05	1.750,32	1.750,31	87,52	1.837,83	0,00

Die Zinsen sind Betriebsausgaben (z. B. im ersten Jahr € 400,00) und mindern den Gewinn des Unternehmens. Der Darlehensbestand zum Ende des Jahres siehe Bestand (im ersten Jahr € 6.550,00). Die Annuität i. H. v. € 1.850,00 ist in Tilgung und Zinsenaufzuteilen. Im ersten Jahr betragen die Zinsen € 400,00 und die Rückzahlung des Darlehens € 1.450,00. Im 5 Jahr beträgt die Annuität € 1.837,83. Die Annuität belastet die Liquidität des Unternehmens.

Buchungssatz:

Darlehen	€ 1.450,00	
Zinsen	€ 400,00/	
		Bank € 1.850,00

Soll	Darlehen		Haben
31.12. Tilgung	1.450,00	AB	149.000,00
31.12. SB	155.550,00	10.03. neues Darlehen	8.000,00
	157.000,00		157.000,00

Soll	Bank		Haben	
01.01. AB	5.000,00	10.03. Maschine		2.000,00
15.04. Forderungen aus L u. L	75.000,00	15.03. GWG		150,00
		07.04. Verbindlichkeiten L u. L		2.500,00
		31.12. Tilgung Darl.		1.850,00
		31.12. Bank		73.500,00
	80.000,00			80.000,00

Soll	Zinsen		Haben	
31.12. Darlehen	400,00	G + V		400,00
	400,00			400,00

Soll	G + V 31.12.		Haben	
31.12. AFA Maschine	2.000,00	15.04. Umsatzerlöse		75.000,00
31.12. AFA GWG	150,00			
26.03. R H B	4.000,00			
31.12. Zinsen	400,00			
Gewinn	68.450,00			
	75.000,00			75.000,00

Soll	Eigenkapital		Haben	
31.12. SB	215.450,00	01.01. AB		147.000,00
		Gewinn (G + V)		68.450,00
	215.450,00			215.450,00

Aktiva	Bilanz 31.12.		Passiva	
Maschinen	183.000,00	Eigenkapital		215.450,00
Betriebs- u. Geschäftsausst.	25.000,00	Darlehen		155.550,00
Bestand Roh-, Hilfs-, und Betriebsstoffe	51.000,00	Verbindlichkeiten L u. L		42.500,00
Forderungen L u. L	80.000,00			
Kasse	1.000,00			
Bank	73.500,00			
Bilanzsumme	413.500,00	Bilanzsumme		413.500,00

Zusammenfassend ist festzustellen, dass die Zinsen im ersten Jahr das Eigenkapital um € 400,00 mindern und die Bilanzsumme vermindert sich um den Zinsbetrag. Gleichzeitig minimieren die Zinsen auch die Bank, so dass die Liquidität des Unternehmens sinkt.

Die Tilgung reduziert das Darlehen im ersten Jahr um € 1.450,00 und die Bank um € 1.450,00. Die Tilgung hat keinen Einfluss auf den Gewinn des Unternehmens. Bei der Annuität bleibt der Rückzahlungsbetrag gleich und die gesparten Zinsen aufgrund der Rückzahlung des Darlehens erhöhen die Tilgung.

Sofern die Abschreibungen (siehe Seite 19 dieses Buche) höher sind, als der Tilgungsbetrag, so ist die Tilgung des Darlehen auch gesichert, wenn das Unternehmen einen Verlust erzielt. Dies ist der Fall, wenn das Unternehmen Sonderabschreibungen nutzt oder die Darlehnslaufzeit länger ist, als der Abschreibungszeitraum.

	Darlehen	Tilgung	Zinsen	Annuität	Stand	AFA
01.01.01	8.000,00	1.450,00	400,00	1.850,00	6.550,00	2.000,00
01.01.02	6.550,00	1.522,50	327,50	1.850,00	5.027,50	2.000,00
01.01.03	5.027,50	1.598,63	251,38	1.850,00	3.428,88	2.000,00
01.01.04	3.428,88	1.678,56	171,44	1.850,00	1.750,32	2.000,00
01.01.05	1.750,32	1.750,31	87,52	1.837,83	0,00	2.000,00

Vergleich zwischen Tilgung und AFA

	AFA	Tilgung	Liquidität
01.01.01	2.000,00	1.450,00	550,00
01.01.02	2.000,00	1.522,50	477,50
01.01.03	2.000,00	1.598,63	401,38
01.01.04	2.000,00	1.678,56	321,44
01.01.05	2.000,00	1.750,31	249,69

Aus der obigen Tabelle ist ersichtlich, dass die AFA höher ist, als die Tilgung. Hieraus folgt, dass die Tilgung des Darlehens auch im Falle eines geringen Verlustes möglich ist.

Sofern die Abschreibung niedrig ist, als die Tilgungsrate, so ist die Tilgung des Darlehens nur bei einem Gewinn gesichert. Dies ist der Fall, wenn der Abschreibungszeitraum beendet ist und das Darlehen noch nicht getilgt ist, siehe Ausführungen zum Cash Flow Seite 37 dieses Buches.

Die Tilgung erfolgt in 6 Jahren

	Darlehen	Tilgung	Zinsen	Annuität	Stand	AFA
01.01.01	8.000,00	1.176,00	400,00	1.576,00	6.824,00	2.000,00
01.01.02	6.824,00	1.234,80	341,20	1.576,00	5.589,20	2.000,00
01.01.03	5.589,20	1.296,54	279,46	1.576,00	4.292,66	2.000,00
01.01.04	4.292,66	1.361,37	214,63	1.576,00	2.931,29	2.000,00
01.01.05	2.931,29	1.429,44	146,56	1.576,00	1.501,86	2.000,00
01.01.06	1.501,86	1.501,86	75,09	1.576,95	0,00	0,00

	AFA	Tilgung	Liquidität
01.01.01	2.000,00	1.176,00	824,00
01.01.02	2.000,00	1.234,80	765,20
01.01.03	2.000,00	1.296,54	703,46
01.01.04	2.000,00	1.361,37	638,63
01.01.05	2.000,00	1.429,44	570,56
01.01.06	0,00	1.501,86	-1.501,86

Aus der obigen Tabelle ist ersichtlich, dass im 6 Jahr ein Gewinn erforderlich ist, dass das Darlehen getilgt werden kann, im 6 Jahr ist die AFA € 0,00 und die Rückzahlungsverpflichtung einschließlich Zinsen € 1.576,95 einschließlich der Zinsen i. H. v. € 75,09, die Zinsen sind Betriebsausgaben und mindern den Gewinn des Unternehmens. Somit ist die Rückzahlung im 6 Jahr nur bei einem Gewinn möglich. In den Jahren 1 – 5 ist die Tilgung auch bei einem geringen Verlust möglich.

Verbindlichkeiten aus L u. L

Unter dieser Position fällt die Rechnungen der Lieferanten auf Ziel, also der Einkauf von Roh-, Hilfs-, Betriebsstoffen auf Ziel, zu der Position Roh-, Hilfs-, Betriebsstoffe (RHB) und Waren siehe Seite 17 dieses Buches. Das Zahlungsziel beträgt 4 Wochen, d. h. der Lieferant gewährt einen Kredit von 4 Wochen, siehe Seite 21 dieses Buches Verbindlichkeiten und Seite 17 dieses Buches Einkauf von Rohstoffen.

Erläuterungen zu den Positionen der G + V

Position Umsatzerlöse

Unter der Position Umsatzerlöse werden alle Verkäufe der Leistungen des Unternehmens erfasst, siehe hierzu die Bilanzposition Forderungen aus L u. L Seite 23 dieses Buches und Verkauf von Leistungen Seite 23 ff. dieses Buches. Eine Gewinnauswirkung liegt vor, sobald die Rechnung geschrieben worden ist und die Leistung vom Unternehmen erbracht worden ist. Eine Auswirkung auf die Liquidität liegt erst vor, wenn die Rechnung bezahlt worden ist, siehe Seite 25 dieses Buches.

Verbrauch von Roh-, Hilfs-, und Betriebsstoffen und Waren.

Mit den Entnahmen der Roh-, Hilfs- und Betriebsstoffe und Waren aus dem Lager (Materialentnahmeschein) wird der Gewinn des Unternehmens gemindert, siehe Seite 19 ff. dieses Buches.

Kosten

Die Kosten sind Minderung des Eigenkapitals, siehe Seite 28 dieses Buches.

Bei der Liquiditätsplanung sind folgende Kostenarten zu unterscheiden:

Fixkosten

Die Fixkosten sind unabhängig vom Umsatz, die Fixkosten fallen auch an, wenn das Unternehmen keinen Umsatz erzielt, in der Coronakrise gibt es Hilfsprogramme, so dass der Unternehmer die Fixkosten bezahlen kann. Zu den Fixkosten zählen z. B. die Zahlungen für Miete.

Variable Kosten

Die variablen Kosten hängen vom Umsatz ab, je höher der Umsatz ist, desto höher sind die variablen Kosten, dies gilt auch, falls der Umsatz fällt. Typische variable Kosten sind der Materialeinsatz (Roh-, Hilfs-, und Betriebsstoffe und Waren) und Verpackungsmaterial.

laufende Kosten

Unter laufenden fallen monatlich anfallen Kosten, hierzu zählen unter anderem Personalkosten, Raumkosten.

Personalkosten

Die Personalkosten (Gehälter, Löhne, Aushilfen, Sozialversicherung) gehören zu den laufenden Kosten. Die Gehälter sind unabhängig von der tatsächlichen Arbeitsleistung d. h. die Gehälter sind gleich hoch, dies gilt auch wenn der Monat unterschiedliche Arbeitstage hat.

Die Löhne hängen von der tatsächlich geleistet Arbeitsstunden ab.

Die Sozialversicherung hängt von den tatsächlich geleisteten Zahlungen für Löhne und Gehälter ab.

Zahlungen für Sonderleistungen z. B. Weihnachtsgeld, Urlaubsgeld gehören zu den aperiodischen Kosten, zu den aperiodischen Kosten siehe Seite 36 dieses Buches.

Die Beiträge zur Berufsgenossenschaft hängen von der Branche und der Tätigkeit des Mitarbeiters ab und damit von dem Risiko von Arbeitsunfällen, sowie den geleisteten Arbeitsstunden und Arbeitsentgelt.

Die Personalkosten hängen nicht direkt vom Umsatz ab, aber das Verhältnis zwischen Personalkosten und Umsatz ist ein Zeichen für die Kapazitätsauslastung des Unternehmens. Bei dauerhaften niedrige Kapazitätsauslastung ist mit Entlassungen zu rechnen, dies gilt auch, wenn der Unternehmer Abfindungen zahlen muss und die Abfindungen zählen zu den aperiodischen Kosten.

Miete und Nebenkosten von Gebäuden

Die Miete zählt zu den laufenden Kosten und es handelt sich gleichzeitig um Fixkosten, zu den Fixkosten siehe Seite 34 dieses Buches.

Zu den Mietkosten zählen auch die Zahlungen für Strom und Heizung (z. B. Gas), Diese Kosten sind vom Verbrauch abhängig, werden aber in der Regel mit monatlichen Abschlägen bezahlt. Insofern können die Abschläge, wie Fixkosten bei der Finanz- und Liquiditätsplanung berücksichtigt werden. Alle Investitionen um die Energiekosten zu senken (z. B. Kosten der Isolierung von Gebäuden, Anschaffung energiesparender Maschinen) gehören zu den Investitionen bzw. aperiodischen Kosten, zu den aperiodischen Kosten siehe Seite 36 dieses Buches. Die Kosten für die Renovierung von Gebäuden zählen auch zu den aperiodischen Kosten.

aperiodische Kosten

Aperiodische Kosten fallen nicht regelmäßig im Jahr ein, hierzu zählen unter anderem teilweise Versicherungsbeiträge (KFZ Versicherung wird ¼ jährlich, ½ jährlich), KFZ Steuer an, weiterhin zählen Kosten für Reparaturkosten, Kosten von Inspektionen, Wartungskosten und Kosten für Instandhaltung, Renovierung von Gebäuden. Für die aperiodischen Kosten sind Liquiditätsreserven aufzubauen. Sofern keine Liquiditätsreserven angelegt werden können, besteht die Gefahr, dass Reparaturen, Wartungsarbeiten nach Kassenlage durchgeführt werden, mit dem Risiko, dass die Kosten für die Reparatur, Instandsetzung steigen und dass Maschinen ausfallen. Bei den aperiodischen Kosten ist zu unterscheiden zwischen aperiodischen Kosten die vertraglich vereinbart worden sind (z. B. KFZ Versicherung, KFZ Steuer) und aperiodische Kosten ohne vertragliche Vereinbarung, hierbei kann der Entscheider freie entscheiden (z. B. Instandhaltung betrieblicher Räume). Es wird nur renoviert, wenn freie Liquidität vorhanden ist.

Kosten ohne Abfluss der Liquidität

Zu den Kosten ohne Abfluss von Liquiden Mittel zählen die Abschreibungen bzw. AFA, zu den Abschreibungen siehe Anlagevermögen Seite 12 dieses Buches.
Die Wahl der Abschreibungsmethode (lineare Abschreibung, degressive Abschreibung) und die Nutzung von Sonderabschreibungen (z. B. § 7 EStG) ist ein Mittel den Gewinn zu reduzier und damit die Belastung mit Ertragsteuern zu minimieren. Die Abschreibung ist nicht Gegenstand dieses Buches. Es ist aber zu beachten, dass ein Vermögensgegenstand nur in der Höhe der Anschaffungskosten bzw. Herstellungskosten abgeschrieben werden können, so dass höherer Abschreibungen bei Beginn der Nutzung, immer in den folgenden Jahren die Abschreibungen sinken.

Kosten des Wareneinsatz

Kosten für Materialeinsatz siehe Ausführungen zu der Bilanzposition Roh-, Hilf-, und Betriebsstoffen Seite 17 dieses Buches, sowie Materialentnahmeschein Seite 19 dieses Buches.

Cashflow

Der Cashflow ist eine Kennzahl für die Beurteilung der Selbstfinanzierung des Unternehmens.

Der Cashflow lässt erkennen, in welchem Umfang sich ein Unternehmen aus eigener Kraft finanziert. Aus Höhe und Entwicklung des Cashflows können Rückschlüsse auf die Ertragskraft, Selbstfinanzierungskraft, Kreditwürdigkeit und Expansionsfähigkeit gezogen werden.

Cashflow

> Jahresüberschuss
> + Abschreibungen
> = Cashflow

Berechnen des Cashflow nach der G + V Seite 7 f. dieses Buches

Jahresüberschuss	€ 14.000,00
+ Abschreibungen	€ 42.000,00
Cashflow	€ 56.000,00

Nach der G + V Seite 7 f. dieses Buches liegt ein Cashflow i. H. v. € 56.000,00. Dieser Betrag steht für die Tilgung der Darlehen, für Unternehmerlohn und für Investitionen zur Verfügung (Aufnahme von neuen Krediten bzw. Kreditraten).

Beispiel

In diesem Beispiel wird davon ausgegangen, dass die Laufzeit der Kredite i. H. v. € 157.000,00, 5 Jahre beträgt, siehe Bilanz Seite 5 dieses Buches i. H. v. € 149.000,00 und der Kredit für die neue Maschine € 8.000,00 (Seite 9 dieses Buches), so Beträgt die Tilgung im Jahr € 31.400,00 im Jahr.

Jahresüberschuss	€ 14.000,00
+ Abschreibungen	€ 42.000,00
Cashflow	€ 56.000,00
- Tilgung	€ 31.400,00
freie Liquidität	€ 24.600,00

In diesem Fall beträgt die freie Liquidität i. H. v. € 24.600,00 vor. Dieser Betrag steht für den Unternehmerlohn und für weitere Kreditraten zur Verfügung.

Unter Unternehmerlohn fällt das Entgelt für die Arbeitsleistung des Unternehmers bei einem Einzelunternehmen bzw. die Gesellschafter einer Personengesellschaft und die Verzinsung des Eigenkapitals, zum Eigenkapital siehe Seite 28 dieses Buches.

Im vorliegenden Fall ist davon auszugehen, dass die freie Liquidität i. H. v. € 24.600,00 nicht ausreicht für weitere Investitionen. Es sei denn dass mit den Investitionen Kosten gespart werden können und gleichzeitig die Liquidität erhöht wird, zu den Kostensenkungen zählen unter anderem die Instandhaltung betrieblicher Räume (siehe Seite 7 dieses Buches). Weiterhin ist zu beachten, dass in dieser Berechnung der Kauf der neuen Maschine (siehe Seite 9) nicht berücksichtigt worden ist. Die neue Maschine könnte die laufenden Kosten (z. B. Energiekosten) senken. Diese Frage beantwortet die Investitionsrechnung, die Investitionsrechnung ist nicht Gegenstand dieses Buches.

Beispiel

In diesem Beispiel wird davon ausgegangen, dass die Laufzeit der Kredite i. H. v. € 157.000,00, 10 Jahre beträgt siehe Bilanz Seite 5 dieses Buches i. H. v. € 149.000,00 und die neue Maschine € 8.000,00, so beträgt die Tilgung im Jahr € 15.700,00.

Jahresüberschuss	€ 14.000,00
+ Abschreibungen	€ 42.000,00
Cashflow	€ 56.000,00
- Tilgung	€ 15.700,00
freie Liquidität	€ 40.300,00

In diesem Fall beträgt die freie Liquidität i. H. v. € 40.300,00 vor. Dieser Betrag steht für den Unternehmerlohn und für weitere Kreditraten zur Verfügung. Im vorliegenden Fall ist davon auszugehen, dass die freie Liquidität i. H. v. € 40.300,00 der Unternehmer eine hohe Entscheidungsfreiheit ermöglicht. Bei diesem Betrag sind weitere Investitionen möglich. Zu diesen Investitionen zählen unter anderem Ersatzinvestitionen (Austausch vorhandener Maschinen) mit dem Ziel die Kosten zu senken. Außerdem sind Neuinvestitionen möglich, mit dem Ziel die Kapazitäten des Unternehmens zu erhöhen und mit diesen Investitionen die zukünftigen Einnahmen zu erhöhen. Dies gilt auch, wenn die Neuinvestitionen erst später zu höheren Einnahmen führen.
Weiterhin besteht die Möglichkeit, die Schulden durch Sondertilgungen zu verringern oder die Schaffung einer Liquiditätsreserve für zukünftig höhere Kosten oder Umsatzrückgängen.

Diese Beispiele zeigen, dass bei einem hohen Cashflow der Unternehmer eine hohe Entscheidungsfreiheit hat und die Möglichkeit hat, dass Unternehmer stetig weiter zu entwickeln. Hierbei ist zu beachten, dass einer hoher Cashflow nicht immer zu einem hohen Gewinn führt, denn für Hohe Bestände an liquiden Mittel führt aufgrund der niedrigen Zinsen nicht zum höchsten Gewinn. Der Cashflow zeigt dem Entscheider wann und in welcher Höhe der Unternehmer hat die Möglichkeit zu investieren. Bei einem niedrigen Cashflow ist die Entscheidungsfreiheit des Entscheiders stark eingeschränkt, in diesem Fall liegt auch eine geringere Kreditwürdigkeit des Unternehmens vor.

Es besteht durchaus die Möglichkeit, dass der vorhandene Cashflow, nicht ausreicht alle Zahlungsverpflichtungen nachzukommen. Dies ist der Fall, wenn die Abschreibungen niedriger sind, als die Raten für die Rückzahlung der Darlehen, siehe Berechnung des Darlehens Seite 32 f. dieses Buch. Sofern ein Gewinn erzielt werden muss, damit alle Zahlungsverpflichtungen bedient werden können, ist zu beachten, dass für diesen Gewinn auch Ertragsteuern anfallen und die Liquidität nochmals belasten.

Sofern kein Gewinn erzielt wird, muss sich das Unternehmen verschulden d. h. Schulden werden mit neuen Schulden bezahlt. In diesem Fall ist die Entscheidungsfreiheit stark eingeschränkt, denn der Kreditgeber fällt die tatsächliche Entscheidung, die Finanzierung ist wichtiger, als die Frage ob mit der Entscheidung der höchste Gewinn erzielt werden kann d. h. das Zahlungsziel ist wichtiger als der Preis. Außerdem ist der Unternehmer gezwungen, die Leistungen schnell zu verkaufen, damit die Kreditraten entrichtet werden können, dies gilt auch, wenn ein Preisnachlass gewährt werden muss. Ziel des Liquiditätsplans ist die Entscheidungsfreiheit des Unternehmens zu erhalten und Liquiditätslücken frühzeitig zu erkennen, so dass Entscheidungen getroffen werden können (z. B. Verschiebung von Investitionen oder aperiodische Kosten) dass keine Liquiditätslücken entstehen.

Liquiditätsplan

Im Liquiditätsplan zeigt sich, ob das Unternehmen bei der Realisierung der Investitionen zahlungsfähig bleibt.

Der Liquiditätsplan ist mit großer Sorgfalt und so ausführlich wie möglich aufzustellen, Die Einnahmen sind eher pessimistisch nach unten anzusetzen, die Ausgaben eher optimistisch nach oben zu schätzen.

Große Aufmerksamkeit ist den Forderungen aus L u. L genauer gesagt, den pünktlichen Zahlungseingängen der Kunden zu widmen, Verspätete Zahlungen können zu Liquiditätskrisen führen.

Liquiditätsplan

Datum	Bezeichnung	Einnahmen	Ausgaben	Stand
01.01.01	Kasse	1.000,00		1.000,00
01.01.01	Bank	5.000,00		6.000,00
07.01.01	Zahlung Verbindlichkeiten		2.500,00	3.500,00
10.01.01	Kauf Maschine		2.000,00	1.500,00
15.01.01	GWG		150,00	1.350,00
25.01.01	Zahlung der Forderung	75.000,00		76.350,00
31.01.01	Personalkosten		4.167,00	72.183,00
31.01.01	Raumkosten		8.750,00	63.433,00
31.01.01	KFZ Kosten		1.684,00	61.749,00
31.01.01	Kosten Werbe- und Reisek.		917,00	60.832,00
31.01.01	Verpackungskosten		167,00	60.665,00
31.01.01	Zeitschriften		42,00	60.623,00
31.01.01	Sonstige Kosten		809,00	59.814,00
31.01.01	Tilgung Darlehen		2.500,00	57.314,00

Aus der obigen Tabelle ist ersichtlich, dass zum 31. 01 die liquiden Mittel € 57.314,00 betragen. Hierbei ist zu beachten, dass die Miete, die Personalkosten und Tilgung für den nächsten Monat bezahlt worden sind.

Zum 31. Januar 01 sind in die liquiden Mittel Euro 57.314,00. Für die Verwendung der liquiden Mittel in Höhe von 57.314,00 stellen sich folgende Fragen:

Zu welchem Zeitpunkt sind Verbindlichkeiten aus L u. L zu bezahlen, zu Verbindlichkeiten aus L u. L siehe Seite 34 dieses Buches.

Zu welchem Zeitpunkt neues Material (Roh-, Hilfs- und Betriebsstoffe, Waren) zu bestellen ist. Dies hängt von dem Bestand des Materials (siehe Bilanz Seite 5 dieses Buches), der Lieferzeit des Materials und den Verbrauch des Materials ab.

Vom nächsten Zahlungseingang (Minderung der Forderung aus L u. L), siehe Seite 25 dieses Buches, sowie die Zahlungsausgänge (Minderungen der Verbindlichkeiten L u. L Seite 21 dieses Buches

Außerdem hängt die Verwendung der liquiden Mittel davon ab, wie hoch die laufenden Kosten sind, unter den laufenden Kosten fallen unter anderen Kfz Kosten, Kosten für Werbung, Reisekosten, Verpackungskosten, Zeitschriften, sonstige Kosten, siehe Seite 35 dieses Buches.

Unter Berücksichtigung der oben genannten Zahlungsabgänge und Zahlungseingänge ist ersichtlich, inwiefern der Entscheider die Möglichkeit hat, weitere Ausgaben zu tätigen, hierzu zählen unter anderem die Kosten die aperiodische Kosten insbesondere die Kosten für Instandhaltung betrieblicher Räume, siehe G + V Seite 7 dieses Buches.

Diese Informationen stehen in einem Liquiditätsplan. Somit kann der Liquiditätsplan den Entscheidungsträger unterstützen und die Kontrolle des Liquiditätsplans gibt dem Entscheider die Möglichkeit, die Liquiditätslücken frühzeitig zu erkennen und Entscheidungen zu treffen, so dass Liquiditätslücken vermieden werden (z. B. Zahlungen oder Investitionen zu verschieben). Das Verschieben von Zahlungen kann zu höheren Kosten führen (z. B. der Verzicht auf Skonto).

Skonto ist ein Rabatt für frühzeitiges Zahlen. Eine übliche Klausel ist, zahlen Sie innerhalb von acht Tagen, so erhalten Sie an 3 % Skonto, ohne Gewährung des Kontos ist die Rechnung innerhalb von vier Wochen zu bezahlen.

Der Nachlass von 3 % wird für ein frühzeitiges Zahlen von 20 Tagen gewährt. Dies entspricht einem Jahreszins von 36 %. Hieraus ergibt sich, dass der Verzicht auf Skonto ein teurer Kredit ist.

Sofern Liquiditätslücken dauerhaft entstehen, sind weiterreichende Entscheidungen erforderlich. Zu den weitreichenden Entscheidungen zählt u. a. Veränderungen des Leistungsangebotes des Unternehmens z. B. Einstellung von unwirtschaftlichen Leistungen, den Verkauf von Anlagevermögen und die Reduzierung des Personals.

Am 31.01.01 liegt eine Liquidität i. H. v. € 57.314,00 vor, siehe Seite 40 dieses Buches. Nach der vorliegenden G + V siehe Seite 7 dieses Buches hat das Unternehmen folgende durchschnittliche Kosten:

Personalkosten	€	50.000,00
Raumkosten	€	90.000,00
lfd. KFZ Kosten	€	20.200,00
Kosten der Warenabgabe	€	2.000,00
sonstige Aufwendungen	€	8.200,00
Zeitschriften, Bücher	€	500,00
Summe der lfd. Kosten	€	170.900,00

Somit betragen die durchschnittlichen lfd. Kosten im Monat € 14.242,00 (170.900,00/ 12).

Nach der G + V liegen folgende aperiodische Kosten vor:

Steuern, Versicherungen und Beiträge	€	5.500,00
Instandhaltung betriebl. Räume	€	15.000,00
Instandhaltung und Werkzeug	€	3.500,00
KFZ Versicherung	€	2.000,00
Werbe und Reisekosten	€	11.000,00
KFZ Steuer	€	100,00
Kosten Jahresabschluss	€	1.500,00
Summe der aperiodischen Kosten	€	38.600,00

Hieraus ergibt sich, dass das Unternehmen einen monatlichen durchschnittlichen Kapitalbedarf von € 14.242,00 hat. Bei der Liquiditätsplanung sind noch die Ausgaben für den Materialeinkauf (Minderungen der Position Verbindlichkeiten aus L u. L) zu berücksichtigen, die aperiodischen Kosten mit vertraglichen Vereinbarungen (z. B. KFZ Versicherung) und die Tilgung der Darlehen, siehe Seite 33 dieses Buches. Sofern jetzt noch freie Liquidität vorliegt, kann der Unternehmer entscheiden, welche aperiodischen Kosten ohne vertragliche Verpflichtungen (z. B. Instandhaltung betriebl. Räume) durchgeführt werden können, (zu den aperiodischen Kosten siehe Seite 36 dieses Buches) bzw. welche Investitionen möglich sind.

Schluss

Jeder Unternehmer trifft eine Vielzahl von Entscheidungen. Bei jeder Entscheidung ist die Liquidität des Unternehmens zu berücksichtigen. Die Liquidität des Unternehmers hängt von früheren Entscheidungen ab, hierzu zählen unter andere abgeschlossene Arbeitsverträge, abgeschlossene Mietverträge. Die Vergangenheit des Unternehmens, ist in der Bilanz und G + V dokumentiert. Somit ist die Bilanz und G + V eine wichtige Informationsquelle für die Erstellung eines Liquiditätsplans.

Bei der Liquiditätsplanung geht es kurzfristig, um die Frage, welche Rechnungen bezahlt werden müssen und für welche Rechnungen die liquiden Mittel ausreichen. Für die Fall, dass die liquiden Mittel nicht ausreichen, muss entschieden werden, welche Rechnungen später bezahlt werden können, auch wenn Skonto nicht genutzt werden kann oder eine Mahnung weiteren Kosten verursacht. Außerdem sind Nachteile bei zukünftigen Geschäften (z. B. schlechtere Zahlungskonditionen, höhere Preise oder Vorkasse) möglich.

Bei der Liquiditätsplanung sind auch Reserven einzuplanen z. B. nicht geplante Ausgaben, kurzfristige Kostensteigerungen im Einkauf, Zahlungsverzögerungen von den Kunden des Unternehmens, Umsatzschwankungen.

Dieses Buch zeigt Ihnen, wie Sie aus der laufenden Buchführung, Bilanz und G + V die erforderlichen Daten/ Informationen für die Liquiditätsplanung und Liquiditätskontrolle erhalten. Hierfür sind in diesem Buch die wichtigsten Positionen der Bilanz, G + V erklärt, sowie die Veränderungen der Bilanz und G + V. Schwerpunkt der Erklärungen ist die Liquidität, also die aktuelle Liquidität, sowie die Auswirkung auf die zukünftige Liquidität bzw. Kapitalbedarf.

Die Fähigkeit für Investitionsentscheidungen hängen auch von den liquiden Mitteln und der Kreditwürdigkeit ab. Insofern sind entsprechende Rücklagen bei der Liquiditätsplanung einzuplanen.

Der Liquiditätsplan hat die Aufgabe, dem Entscheider die Möglichkeit zu geben, zu prüfen die Entscheidung finanzierbar ist. Diese Prüfung beinhaltet auch die Aufnahme neuer Kredite und die Beurteilung der Auswirkungen der neuen Kredite auf die zukünftige Liquidität.
Die Bilanz und die G + V ist Teil der Kreditwürdigkeitsprüfung. Der Liquiditätsplan ist im Gegensatz zur Bilanz und G + V in die Zukunft gerichtet. Aus diesem Grund ist Teil des Liquiditätsplanes, wie hoch die Einnahmen sein müssen, dass das Unternehmen seinen Zahlungsverpflichtungen nachkommen kann.

Sowohl für die Liquiditätsplanung und die erforderliche Liquiditätskontrolle sind die Zahlen aus der Bilanz, G + V und laufende Buchhaltung zu verwenden.

Weiterhin zeigt der Liquiditätsplan, dass der Unternehmer eine Vielzahl von Entscheidungen trifft und somit viele Entscheidungsalternativen hat. Demzufolge hilft der Liquiditätsplan auch, entsprechende Entscheidungsalternativen zu finden, die Auswirkungen der Entscheidungen auf die Liquidität zu schätzen. Hieraus ergeben sich die notwendigen zukünftigen Einnahmen und Budget für die Kosten. Weiterhin kann der Liquiditätsstatus des Unternehmens festgestellt werden.

Für den Entscheider ist wichtig, dass er die erforderlichen Informationen selber aus (aus eigener Kenntnis) der Bilanz, G + V und laufenden Buchführung entnehmen kann, um die Entscheidungen schneller und kostengünstiger treffen zu können. Denn der Einsatz von Spezialisten z. B. Steuerberater, Unternehmensberater kann minimiert werden und die Abweichungen von dem Liquiditätsplan kann schneller ermittelt werden. Dies führt zu einem Zeitvorteil, entsprechende Maßnahmen (andere Entscheidungsauswahl) um die Liquidität des Unternehmens zu sichern.

Zu dem Liquiditätsplan zählt auch eine Strategie für höhere Einnahmen, um steigende Kosten ausgleichen zu können. Zu den Kostensteigerungen zählen u. a. Kostensteigerungen aufgrund von höheren Rohstoffpreisen und Personalkosten (jährliche Lohnsteigerungen) und Investitionen.
Höhere Einnahmen kann der Unternehmer erzielen, durch Preiserhöhungen der bisherigen Leistungen, Schaffung neuer Absatzgebieten bzw. neue Kundengruppen. Einführung neuer Leistungen. Zu den Preiserhöhungen zählen auch unter anderem das bisherige Nebenleistungen berechnet werden (z. B. Zugaben, Transportleistungen, Änderung der Zahlungsbedingungen) zu berechnen.

Der Markt verändert sich stetig, so sind stetige Anpassungen des Unternehmers bzw. Entscheiders sinnvoll. Je schneller die Änderungen erfasst werden, desto früher kann reagiert werden und je größer ist die Entscheidungsfreiheit und die Möglichkeit die Liquidität des Unternehmens zu sichern.

Eine gute Planung kann den Nachteil, dass die Bilanz, G + V und laufende Buchführung nur die Vergangenheit dokumentiert ausgeglichen werden.

Die Hauptaufgabe des Unternehmers ist die Zukunft des Unternehmens zu plan und hierfür können die Informationen aus der Bilanz G + V genutzt werden, dies ist am besten möglich, wenn der Entscheider die Informationen aus eigener Kraft aus der Bilanz, G + V und laufende Buchhaltung entnehmen kann.

Was kommen wird, kann man nur verstehen, wenn man weiß was war. Die Vergangenheit ist in der Bilanz und G + V dokumentiert.